世界宗教の謎

同時刊行シリーズ
- 仏　教
- イスラム教
- ユダヤ教

Copyright © 2001 by McRae Books Srl, Florence (Italy)

All rights reserved. No part of this book may be reproduced in any form without the prior written permission of the publisher and copyright owner.

Christianity
was created and produced by McRae Books
Borgo Santa Croce, 8 - Florence (Italy)
info@mcraebooks.com

SERIES EDITOR Anne McRae
TEXT Hazel Mary Martell
ILLUSTRATIONS Studio Stalio (Alessandro Cantucci, Fabiano Fabbrucci, Andrea Morandi), Paola Ravaglia, Gian Paolo Faleschini
GRAPHIC DESIGN Marco Nardi
LAYOUT Laura Ottina, Adriano Nardi
REPRO Litocolor, Florence
PICTURE Research Loredana Agosta
Printed and bound in Hong Kong

Japanese language edition arranged through AM Corporation, Tokyo, Japan
日本語版版権©2003　ゆまに書房

世界宗教の謎

ヘーゼル・メアリー・マーテル［著］ 佐藤正英［監訳］

キリスト教

ゆまに書房

もくじ

注意： この本では一般的に使用されている西暦紀元、つまりキリストの誕生した年を0年として表示しています。この0年より以前の出来事については、すべて「紀元前」（紀元前928年など）と記しています。0年以降の出来事については、数字をそのまま記しています。（24年など）

キリスト教とは何か？	8
イエスの生涯	10
初期のキリスト教	12
教 会	14
中世のキリスト教	16
十字軍	18
聖 書	20
東方正教会	22
修道院の生活	24
宗教改革	26

芸術とキリスト教	28
宗教戦争	30
女性と教会	32
アメリカ大陸のキリスト教	34
7つの秘蹟(ひせき)	36
世界の教会	38
祭　日	40
今日のキリスト教	42
用語解説	44
さくいん	45

キリスト教とは何か？

キリスト教は、今から2000年以上前に、現在のイスラエルで生まれたイエスの教えをもとにした宗教です。信者たちはイエスを神の子だと信じ、メシア（救世主）またはキリストと呼びました。キリストとは、ギリシャ語で「神によって選ばれた者」を意味します。その信仰はやがてキリスト教、信者はキリスト教徒と呼ばれるようになりました。イエスの死後、信者の一部は伝道の旅に出るようになり、イエスの教えを人々に広めていきました。今日、キリスト教徒は世界各地にいます。イエスが処刑された十字架はキリスト教の象徴であり、死後の世界を象徴するものでもあります。

このキリスト教の十字架はトルコで7世紀につくられたもの。

ユダヤ教の象徴であるダビデの星。ユダヤ教はイエスが生まれた宗教。

聖三位一体
多くのキリスト教徒は、神はそれぞれ対等で3つの別個の姿を持ち、それはまた一体でもあると信じています。これらは父なる神、神の子（イエス）、聖霊の3つであり、それらを合わせて聖三位一体といいます。聖霊は世界で働いている神の力と考えられており、世界が創造された時、そこに存在していました。

イエスとユダヤ教
イエスはユダヤ人として生涯を過ごしました。また、キリスト教の起源はユダヤ教にあります。ユダヤ教では、その信者は神に選ばれた人々であると教えているのに対して、キリスト教では、神の愛は神の子イエスを通してすべての人に与えられると信じられています。

聖三位一体の絵。この絵のように、聖霊はしばしば白いハトとして表わされる。

キリスト教徒は、父なる神がこの宇宙を創造し、地球上に生をうけた最初の人間はアダムとイブだったと信じている。この絵はエデンの園のアダムとイブを描いたもの。

創造主である神
ユダヤ教やイスラム教と同じように、キリスト教も神（ヤハウェ）はただ1人であるとしています。神が、宇宙やそこに存在する人間をはじめ、すべてのものを6日間で創造したと信じています。これは神の力と愛の表われであり、すべてのものの始まりと終わりは神のうちにあると、考えるのです。十字架にかけられて死を迎えることになったイエスの生命は、神の創った世界に住む人々への、神の大いなる愛のしるしだとキリスト教徒は信じているのです。

キリスト教徒の義務

キリスト教徒はすべて、十戒にしたがうことが求められています。十戒は、イエスが生まれる何世紀も前に神がモーセに与えたもので、その第一の戒律では、キリスト教徒はただひとりの神のみを崇めなければならないと語られています。

イエスを誘惑しようとする悪魔が描かれたステンドグラス。

ギリシャ文字のアルファとオメガ（アルファベットの最初と最後の文字）を示す神。神がすべての始まりであり、すべての終わりであることを表している。

人間と神

イエスは人々に神について説き始める前に、砂漠で40日と40夜をすごしました。神であると同時に人間でもあったイエスに対し、悪魔は世界を支配する力を与えることで、イエスを誘惑しました。イエスはその誘惑に耐えました。この物語はキリスト教徒に、神を信じていても誘惑にさらされる場合があることを忘れてはならないと戒めているのです。

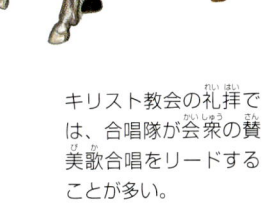

この馬にのった中世の人々のように、キリスト教徒は重要な教会や聖堂など、聖地と考えられる場所への旅に出かけた。

キリスト教会の礼拝では、合唱隊が会衆の賛美歌合唱をリードすることが多い。

音楽と歌

キリスト教では個人的な祈りだけでなく、教会で公式の礼拝や儀式を行い、神をたたえます。キリスト教が確立されるにしたがい、音楽と歌が公式の礼拝のなかで重要な役割をはたすようになっていきました。教会音楽は伝統的にはオルガンで演奏されていましたが、その後ギターなども含めて他の多くの楽器が用いられるようになりました。

2000年に行われたイタリア・ローマへの大巡礼記念祭に参加した若者たち。

イエスの生涯

イエスの生涯について正確な史実は伝わっていませんが、紀元前5年頃ベツレヘムで生まれ、ナザレで生涯の大半を過ごしたという点では、現在多くの歴史家の意見が一致しています。30歳ごろ、イエスは神の道を説くようになりました。貧困をなくさなければならないと唱え、金持ちや僧侶の貪欲さや偽善を公然と非難したのです。そのためイエスは貧しい人々には愛されましたが、ユダヤ当局や彼らを支配するローマ人の目の敵となりました。しまいには弟子の1人に裏切られ、イエスは政治的反逆者として死刑されたのです。

このイタリア・ルネサンスの絵画では、大天使ガブリエルが聖母マリアに、彼女が神の子イエスを生むだろうと告げている。

三賢人の礼拝

イエス降誕のとき、東方の三賢人（博士）が星に導かれてベツレヘムにやってきました。彼らはイエスを王、神、人間としてたたえるため、黄金と乳香とミルラ——美徳と祈りと受難を象徴する——をおくり物としてもってきました。

エジプトへの脱出

イエスが生まれて間もなく、ローマによって認められたユダヤ王のヘロデは、イエスの力を恐れて、ベツレヘムにいる男の赤ん坊をすべて殺すよう命令しました。父母はイエスを連れてエジプトへ逃げ、イエスは生き延びることができました。

イエスの少年時代

エジプトから戻ると、母マリアと父ヨセフと幼いイエスはガリラヤ湖に近いナザレに住みつきました。ヨセフは大工として働き、30歳頃に伝道を始めるまでは、イエスも父親と同じ仕事をしていたようです。

洗礼者ヨハネ

27年ごろ、イエスの従兄の洗礼者ヨハネは、ヨルダン川のほとりで伝道を始め、そこで人々に洗礼を行いました。そのひとりがイエスであり、ヨハネがイエスに洗礼をほどこしたとき、聖霊がハトの姿で彼の上におり立ちました。

左：エジプトへ逃れる赤ん坊のイエスと、母親のマリア、その夫で人間であるイエスの父親ヨセフ。

イエスとその弟子

イエスは生涯の最後の3年間で、説教や寓話と呼ばれる物語によって、人々に対する神の愛を説きました。イエスにもっとも近い弟子は十二使徒と呼ばれています。

右の地図はイエスの旅の跡と、訪れた場所を示している。

イエスの時代のパレスチナ

最後の晩餐

このモザイク画は、ユダヤ教の過越祭を祝ってエルサレムで晩餐をとるイエスと弟子たちを描いたものです。のちに「最後の晩餐」として知られるようになりました。弟子の1人であるイスカリオテのユダがイエスを裏切ってローマの兵隊に売り渡したため、彼らがいっしょに食卓を囲んだのはこれが最後になったからです。

死と復活

イエスは十字架へのはりつけによる死刑を宣告されました。イエスの死後、遺骸は墓に入れて護衛がつきましたが、3日後、イエスは生き返り、墓から抜け出したと信じられ、復活として知られています。

磔刑と復活の場面は、何世紀にもわたって多くの絵に描かれてきた。

11

初期のキリスト教

復活したイエスは、弟子とともにこの世で過ごしていましたが、その後、天に昇っていきました。この世を去る前に、イエスは弟子に自分の教えを世界中に広めるための伝道の旅を続けるように告げました。もっとも遠くまで伝道の旅をしたのは使徒ペテロとパウロで、彼らはローマに行き、多くの人々を改宗させましたが、信仰を説いたために処刑されました。キリスト教がローマ帝国で公認されたのは、300年近く後のことでした。

使徒行伝
初期のキリスト教布教の状況は、ルカが彼の福音の後日談として書いた「使徒行伝」(上)から多くを知ることができます。しかしこれはペテロとパウロに焦点をあてたもので、その他の弟子についてはほとんど書かれていません。

使徒ペテロとパウロは、イエスの死後キリスト教を広めるのに力をつくした。

聖ペテロ
ペテロとその兄弟のアンデレは、イエスの弟子となる前はガリラヤ湖の漁師でした。ペテロは使徒の指導者となり、イエスの死後キリスト教徒達を導きました。ペテロが教会の礎石となったとも言われています。

パウロが旅した場所とキリスト教の広がりを示す地図。

初期の迫害
キリスト教の信仰が広まるにつれ、信者は支配者であるローマ帝国当局としばしば衝突を起こすようになりました。その苦難がもっともひどかったのは、ローマ皇帝ネロの支配下にあった時でした。ネロはローマの大火災をはじめ、多くの問題をキリスト教徒のせいにし、多数の信者を処刑したのです。

ローマ人の観衆を楽しませるために、キリスト教徒が野獣と戦わされることもあった。

ローマ皇帝ネロ(54~68)は残忍だったことで知られている。

パウロはローマの自宅に数年間監禁されたのち、67年に処刑されたといわれている。

ローマ初期のキリスト教徒は、遺体をカタコンベ（左）と呼ばれる地下墓地に埋葬した。墓地はせまい地下のトンネルで、壁に埋葬用のくぼみがつくられていた。彼らは迫害の時期にはそこで礼拝も行った（下）。

秘密の礼拝

キリスト教徒と違いローマ人は多くの神を崇拝し、ローマ皇帝は死後神になると信じていました。皇帝は崇拝すべきものと考えられ、それを拒否するものは殺され、投獄され、あるいは奴隷にされました。キリスト教徒は皇帝を崇拝することを拒否し、自分の神をひそかに礼拝していました。ローマ皇帝の中には寛容な皇帝もいましたが、250年、258年、303年には大規模な迫害がありました。

初期のキリスト教徒は、自分が信者であることを他の信者に知らせる方法を考え出した。たとえばこの石には、わからないように「PATERNOSTER」（ラテン語で「われらの父」の意味）と彫られている。

コンスタンチヌスは313年、ラテラノ宮殿をローマ司教に与えた。コンスタンチヌスはまた、以前に没収した財産をキリスト教徒にかえした。

ローマ皇帝コンスタンチヌス1世の肖像が刻印された金貨。

キリスト教の容認

コンスタンチヌスは306年、西方のローマ皇帝に選ばれましたが、実際に彼の地位が確立されたのは、312年にライバルのマクセンティウスをミルウィウス橋の戦いで撃ち破ってからでした。言い伝えによると、その戦いの前にコンスタンチヌスは「このしるしのもとに征服せよ」と書かれた十字架の幻を見たそうです。勝利したコンスタンチヌスは、キリスト教を容認し、彼の治世の間、キリスト教はローマ帝国の国教となりました。

13

教　会

キリスト教徒にとって、教会という言葉には、2つの意味があります。もともとこの言葉は、この世のキリスト教徒社会全体を表すために用いられていました。しかしキリスト教が確固たるものになり、人々がその信仰を秘密にする必要がなくなると、この言葉はキリスト教徒が集まって礼拝をし、祈りをささげる建物を表すのにも用いられるようになりました。初期の教会は、石や木でつくられた簡素な建物でしたが、しだいに手の込んだものとなり、美しく飾られるようになりました。

このモザイク画は、2世紀のキリスト教会を示す。そのデザインはバシリカと呼ばれていたローマの集会場にもとづいている。

聖ペテロ聖堂

キリスト教がローマ帝国の国教として受け入れられると、ローマは急速にキリスト教の中心地となっていきました。ペテロは最初のローマ司教と認められ、333年にこの聖堂（バシリカ）が建てられました。聖堂の下にはペテロが埋葬されていると信じられています。

大聖堂と司教

円滑な運営のため、キリスト教世界は教区と呼ばれる区域に分割されました。それぞれの教区はさらに小さい多数の小教区に分けられ、それぞれに教会と司祭が置かれるようになりました。教区を管理する司教は、重要さの象徴であるカテドラ（司教座）と呼ばれる座席に座っていました。ここから司教が座る座席のある教区の主教会を、カテドラル（大聖堂）と呼ぶようになったのです。中世につくられたカテドラルは、今もたくさん残っています。

中世には、教会の屋根から雨水を流す吐水口として、ガーゴイルと呼ばれる彫像が用いられた。これは教会に悪霊を寄せつけない働きをすると信じられていた。この写真はパリのノートルダム大聖堂のもの。

大聖堂の建築には長い年月を要した。スペインのブルゴスにあるこの大聖堂は1221年に建設が始まったが、塔がつけ加えられたのは15世紀だった。

14

香の使用

キリスト教が生まれる以前から、異教の儀式でも香がたかれていました。東方の三賢人は赤ん坊のイエスに、その神性のしるしとして乳香をもってきました。そのことから、乳香は後に祈りの象徴となりました。キリスト教会で香が初めて用いられたのは6世紀のことです。

この美しく装飾された吊り香炉は、ミサのとき香をたくのに用いられた。

言葉を広める

キリストの言葉を広めることは、教会の礼拝の重要な役割です。これは聖書台（左）に置かれた聖書の朗読や、説教壇から語られる説教によって行われます。

教会建築

初期の教会は、ローマの公共建築物と同じ様式で建てられましたが、何世紀もの間に、さまざまな地方で石やレンガや木材を使った独自の様式が生まれました。特別大きな教会は、豪華な装飾がほどこされましたが、小さな教会はごく質素で簡素なものもありました。左の英国カンブリア州ニュートン・アーラッシュの教会もその一例です。

洗礼堂

洗礼とは、人々をキリスト教の信者に生まれ変わらせる儀式です。洗礼は、最初川岸で行われていましたが、教会のそばに建つ洗礼堂で行われるようになりました。

新生児の洗礼

中世には、キリスト教徒の多くが子どものときに洗礼を受けるようになりました。当時は、教会内部の洗礼盤（左）の回りで行われました。洗礼盤には聖水が入っており、聖職者が子どもの名まえを唱えながら、聖水を子どもの頭にたらしたのです。

上：イタリアのピサにある洗礼堂と大聖堂と斜塔。

ステンドグラスや絵で物語る

キリスト教が確立されてからも、しばらくは読み書きのできる人はごくわずかしかいませんでした。人々が聖書の物語を理解し、覚えられるように、物語の情景を窓のステンドグラスに描き表したり、教会内の壁に描いたりしました。

教会音楽

4世紀後半頃から、礼拝の一部に聖歌や音楽がとり入れられていましたが、礼拝のために本格的に音楽がつくられるようになったのは中世以降でした。

15

中世のキリスト教

中世初期になると、キリスト教はローマ帝国の境界を越えて広がり始めました。アイルランドやローマの宣教師によって、多くの人がキリスト教に改宗していきました。また、キリスト教徒であった人々との交易を通じ、新しい信仰を知った人もいました。しかし表向きはキリスト教徒をよそおっているものの、ひそかに自分の古い神を信仰する人も大勢いました。

中世初期にブリテンやアイルランドの宣教師たちがたどった道を示す地図。

右：アイルランド人は福音書の装飾に、引き続きケルトのデザインを用いた。

ケルト・キリスト教

410年に英国からローマ人がいなくなると、アングル人、ジュート人、サクソン人が東方から侵入してきました。彼らはそれぞれ独自の宗教を持ち込んできましたが、キリスト教はコーンウォール、ウェールズ、アイルランドなどで生き残りました。これはのちにケルト・キリスト教と呼ばれるようになりました。磔刑を描いた鋳鉄の飾り板（下）はこの時代のものです。

聖コルンバ

アイルランドの宣教師聖コルンバは563年にアイオナ島に渡り、そこに修道院（下）を建てました。ここから他の宣教師がスコットランドやイングランド北部に出かけ、人々を改宗させる足がかりとなりました。

ケルトの十字架（左）についている円は、キリスト教以前からある、太陽をシンボル化したもの。

聖アウグスチヌスの伝道

596年、教皇グレゴリウス1世はイングランドの人々をキリスト教に改宗させるため、イタリアの聖職者アウグスチヌスを派遣しました。アウグスチヌスはケントからキリスト教を広めました。ケルト・キリスト教と衝突しましたが、768年にはローマ教会が支配権を握りました。

右：キリスト教は10世紀にスカンジナビアに広まった。ノルウェーの最初期の教会は木材で建てられ、今日でもいくつか残っている。

神聖ローマ帝国

755年、フランク族の短躯王ピピンは、イタリア北部のロンバルド人の攻撃からローマと教皇を救いました。ロンバルド人が774年に再びローマを襲った時は、ピピンの子のシャルル（のちにシャルルマーニュ大帝と呼ばれた）がアルプスを越えて進撃し、再びローマと教皇を救っています。教皇レオ3世はこれに感謝し、800年のクリスマスの日に、シャルルマーニュを西ローマ帝国皇帝としました。これが、教皇と神聖ローマ帝国の特別な関係（左）の始まりとなりました。しかしシャルルマーニュの子の敬虔王ルイが843年に死ぬと、王国は3つに分裂し、962年にはドイツ王が神聖ローマ帝国皇帝に選ばれました。その後、11世紀から13世紀まで、皇帝と教皇はヨーロッパの支配権をめぐって争ったのです。

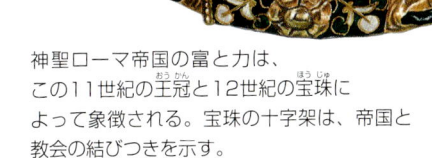

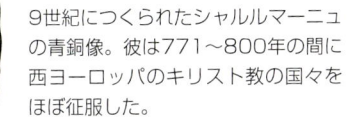

9世紀につくられたシャルルマーニュの青銅像。彼は771〜800年の間に西ヨーロッパのキリスト教の国々をほぼ征服した。

神聖ローマ帝国の富と力は、この11世紀の王冠と12世紀の宝珠によって象徴される。宝珠の十字架は、帝国と教会の結びつきを示す。

ローマを離れた教皇

14世紀に入る頃には、神聖ローマ帝国と教会の関係が弱まり、1305年にフランス王フィリップ4世はその影響力によって、フランス人を教皇クレメンス5世に指名させました（下）。4年後、クレメンス5世は教皇庁をローマから南フランスのアビニョンに移し、それに続く6人の教皇はそこで教会を支配しました。しかしアビニョンのぜいたくと汚職が批判され、グレゴリウス11世は1377年にローマに戻りました。

この彫刻には教皇ウルバヌス6世が1378年、聖ペテロから教皇のかぎを受け取っているところが描かれている。

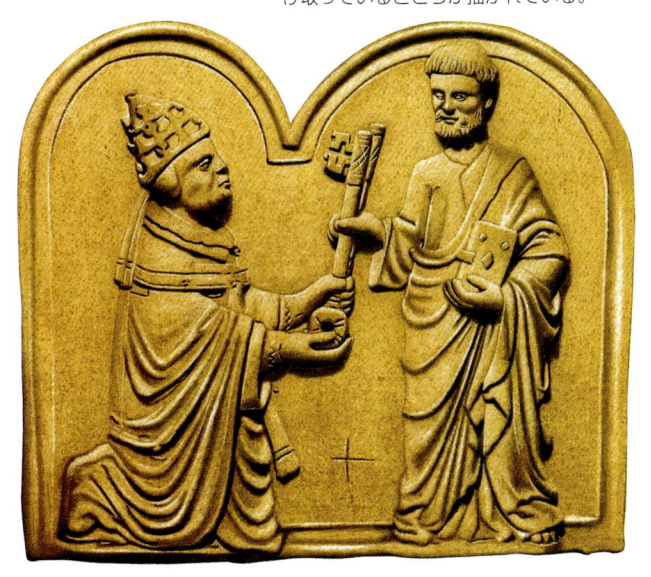

ローマ教会の大分裂

1378年に教皇グレゴリウス11世が死に、代わりにウルバヌス6世が選ばれ、枢機卿の力を弱めようとすると、反発した枢機卿はクレメンス7世を教皇に選びました。クレメンス7世は、再びアビニョンに戻りました。これを教会の大分裂（シスマ）と呼び、2人の教皇が別々の教皇庁を運営しました。1417年ローマでマルチヌス5世が選ばれて、この状態は終わりました。

17

十字軍

7世紀にイスラム教という新しい宗教がアラビアで生まれ、急速に北アフリカや中東全体に広まっていきました。イスラム教の信者はムスリムと呼ばれ、634年にはエルサレムにまで広がりました。エルサレムはキリスト教徒やユダヤ教徒の聖地であるだけでなく、イスラム教徒にとっても聖地なのです。3つの宗教の信者たちは比較的平和を保ちながら暮らしていましたが、1095年、ウルバヌス2世がエルサレムはキリスト教徒のものだと宣言し、最初の十字軍を送りました。これが激しい軍事衝突となり、その後3世紀にわたって戦いが続けられました。

第1次十字軍

第1次十字軍の騎士は1099年7月15日にエルサレムを攻略し、そこで見つけたユダヤ教徒とイスラム教徒を皆殺しにしました。さらに近くの海岸の細い帯状の土地を支配下に置き、エデッサ、アンティオキア、トリポリなどの都市を占領して、そこを十字軍王国としました。

強い宗教心を持ち、神が喜んでくれると思って十字軍に参加した騎士たちもいれば、ひともうけしたいと考えて出かけた者もいた。

十字軍の城

聖地に留まる間、十字軍兵士はヨーロッパ式の教会、修道院、城などを建設しました。最も有名な城はシリアのシュバリエ城塞（上）で、これはトリポリ伯が建てたものです。彼は後にこれを裕福なホスピタル騎士団に売却しました。この騎士団はエルサレムの巡礼者の世話をするために設立されたものですが、軍事的な役割もはたしていました。

聖地への旅

上の地図が示すように、十字軍はさまざまな国から出発し、さまざまなルートをたどってエルサレムを目指しました。あるものはすべて陸上の道をたどり、またあるものは地中海を船で渡りました。旅は危険がつきまとい、疲労や病気の末に、途中で死ぬ者もありました。

この時期には、エルサレムを中心にした新しい地図が現れた。右のような円形の地図は、巡礼者が都市周辺の道を見つけるのに役立った。

第4次十字軍

1198年、エジプト人と戦うために第4次十字軍が召集されましたが、集まった軍隊はきわめて劣悪で、武器や船もほとんど持っていませんでした。ベネツィアは、交易上のライバルであるコンスタンチノープルの攻略に協力してもらうことを交換条件に、装備の提供に同意しました。下の馬の青銅像は、コンスタンチノープルから持ち帰った戦利品の中にあったものです。

十字軍はエルサレムの聖墳墓教会を再建した。

聖地への巡礼

中世になると、ヨーロッパにはかなり裕福な人々が生まれ、イエスの旧跡を巡礼する余裕のある人も現れました。しかし長く困難な旅であったため、病弱だったり、忙しくて自分では旅に出ることのできない人は、金を出して自分の代わりに他人に巡礼をしてもらうこともありました。

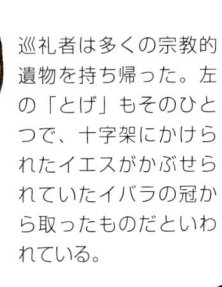

巡礼者は多くの宗教的遺物を持ち帰った。左の「とげ」もそのひとつで、十字架にかけられたイエスがかぶせられていたイバラの冠から取ったものだといわれている。

サラディン（下）はイスラムの偉大な英雄のひとり。イスラム教徒を団結させて十分に組織された軍隊をつくり上げ、十字軍を撃ち破って、1192年に彼らをヨーロッパに追い返した。

イスラムの軍隊

サラディンの指揮下にあるイスラムの軍隊は、十分な装備を持ち（右上）、かがり火、のろし、伝書バトなどを使った通信システムも十字軍よりはるかに優れていました。彼らは強力で、防御しやすい簡単な砦（左上）もつくっていました。

十字軍の終わり

聖地への十字軍は1291年、アクレの十字軍要塞が陥落したことで終わりましたが、スペインでのイスラム教徒との戦いはその後も続きました。右の十字架は、11世紀のスペインの戦士エル・シドが持っていたものと伝えられています。勝利の多くは一時的なものにすぎず、スペインの一部は1492年までイスラム教徒の支配下にありました。

聖 書

聖書はキリスト教のもっとも神聖な書物です。紀元前約1000年から100年くらいにかけて書かれたもので、多くの書物で構成され、旧約聖書と新約聖書とに分かれています。神（ヤハウェ）の啓示によって書かれたといわれ、キリスト教徒は日々聖書を学ぶことを求められます。信者ではない人々からも、興味深い物語を含む偉大な文学作品として関心を持たれています。聖書学会の研究によると、聖書は少なくとも560以上の言語に翻訳されているということです。

1947年、考古学者たちは死海に近いクムランの洞くつで、つぼに入れて隠されていた多数の手書き巻物文書を発見した。なかには旧約聖書の書物も多く含まれていた。

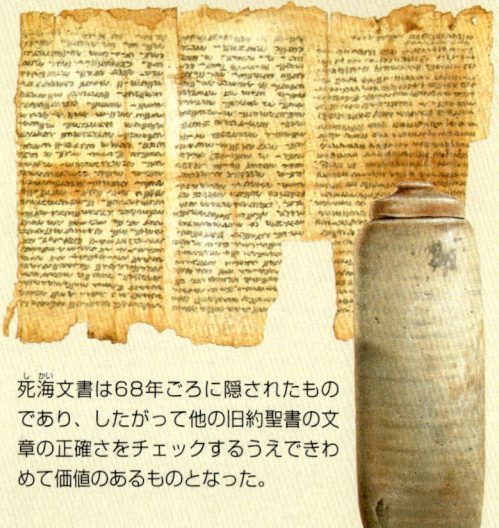

死海文書は68年ごろに隠されたものであり、したがって他の旧約聖書の文章の正確さをチェックするうえできわめて価値のあるものとなった。

旧約聖書

聖書の大半を占めているのは旧約聖書です。その多くはもともとヘブライ語で書かれ、キリスト教徒だけでなく、ユダヤ教徒にとっても神聖なものです。天地創造からイエス生誕の直前までの世界の物語、とくにユダヤ人の物語が書かれています。そこに含まれる多くの書物は、ヨナ、ダニエル、イザヤなど、さまざまな預言者たちの物語について書かれています。

動物たちの創造を表した中世のさし絵

新約聖書

新約聖書は聖書のうちで、イエスの生涯と死後に起こった出来事について述べた部分です。旧約聖書に比べて短く、多くの言語に訳されています。19世紀から20世紀にかけ、多くの宣教師は新約聖書を使ってキリスト教について教えると同時に、文字の読み方も広めていきました。

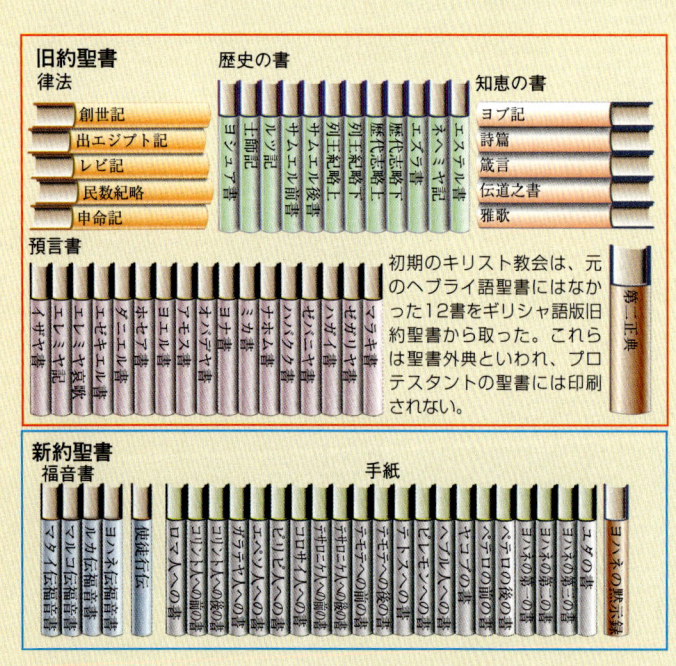

初期のキリスト教会は、元のヘブライ語聖書にはなかった12書をギリシャ語版旧約聖書から取った。これらは聖書外典といわれ、プロテスタントの聖書には印刷されない。

新約聖書は4つの福音書で始まる。キリスト教徒の伝えによると、それらはマタイ、マルコ、ルカ、ヨハネ（右）によって書かれたとされる。

左の図は聖書に含まれる書物の配列を示す。

イエスの地獄降下の物語は、使徒たちの書いた4つの福音書には見られないが、4世紀のニコデモの福音書に出てくる。

聖ヒエロニムスの翻訳

聖ヒエロニムス（右）はイタリアの学者で、5世紀にベツレヘムに住みつきました。彼は、旧約聖書をヘブライ語からラテン語に翻訳したことでよく知られています（それ以前のラテン語聖書は、ギリシャ語から訳されたものでした）。彼の訳したものは、ウルガタ聖書と呼ばれています。これはローマカトリック教会の公式聖書となり、後の英語版聖書はこれにもとづいています。

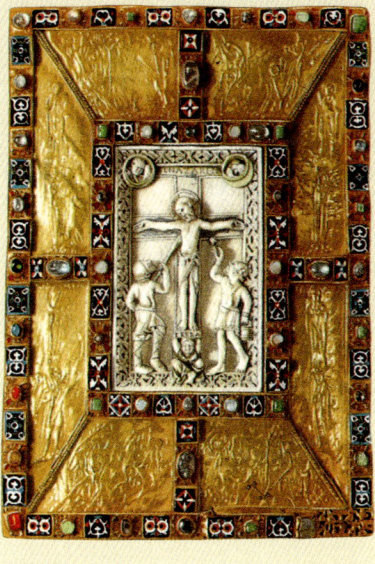

手づくり本

15世紀まで、本はすべて羊皮紙や牛皮紙に手書きで書き写されていました。聖書全体を書き写すこともありましたが、多くは福音書だけを筆写しました。こうした本には彩色のさし絵がつけられ、金や銀で装飾をほどこし、美しい表紙をつけてとじるのが一般的でした。

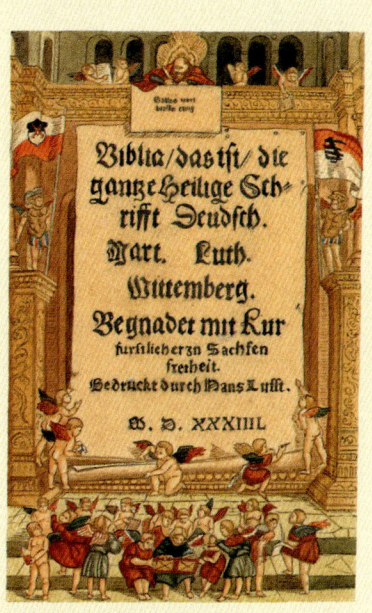

最初の印刷機

最初の印刷本は1ページずつ木版で刷っていました。これは時間と金がかかりましたが、1450年にドイツの職人ヨハネス・グーテンベルクが、1文字ずつの活字を組み合わせて用いる、まったく新しい印刷方法を発明しました。この活字は何度もくり返し使うことができました。

ヨハネス・グーテンベルクは彼の印刷機を用いて最初に聖書を印刷し、その後いろいろな本を印刷した。

聖書は560以上の言語に翻訳されており、世界できわめて広く読まれている。

宗教改革と聖書

何世紀もの間、聖書はラテン語訳の聖書しかありませんでした。それで、一般の人は読むことができず、聖職者や学者の説明によって内容を知るしかなかったのです。しかし16世紀初期以降、学者たちが聖書を他の言語に翻訳するようになりました。上の1534年版は聖職者マルティン・ルターによってドイツ語に翻訳されたものです。ルターは、やがて宗教改革をもたらした人です。

21

東方正教会

キリスト教がローマ帝国全土で確立されるようになると、さまざまな人々がイエスの教えに異なった解釈を加えるようになりました。解決できるような食い違いもありましたが、大きな違いは教会の分裂を招き、現在に至っています。最初のa大きな分裂は第1千年紀に、ローマを本拠とする西帝国の教会と、コンスタンチノープルを本拠とする東帝国の教会——東方正教会——との間で起こりました。

聖書や聖人の生涯の中に現れる人物やできごとを描いたイコン（聖画像）は、東方正教会ではきわめて重要なものとされる。金や銀で飾られたものも多い。

コンスタンチノープル

コンスタンチノープル（右）はビザンツ帝国の中心地でした。そこには537年に完成したハギア・ソフィア（アヤ・ソフィア）教会をはじめ、多くのキリスト教会がありました。

コンスタンチノープルの美しいハギア・ソフィア教会は、東方のキリスト教の中心だった。のちにイスラム教寺院となり、現在は博物館になっている。

右：正教会信仰はコンスタンチノープルから急速に広まった。

勢力分布：1050年ごろ
- 東方正教会伝道団
- 総大司教（大主教）座所在地
- ローマ総大司教の勢力範囲
- コンスタンチノープル総主教の勢力範囲
- イスラム教勢力範囲

東西教会の大分裂

左の象牙製の2枚折り彫刻の人物像は、ローマとコンスタンチノープルを人格化したものです。1054年の東西教会の分裂を表しており、この分裂は両者の違いが解消不能なまでに大きくなった結果起こりました。東方正教会は以後、ローマの教皇を自らの首長として受け入れることを拒否しました。

コプト正教会

コプト教徒と呼ばれるエジプトのキリスト教徒は、6世紀中ごろにローマ教会から分裂しました。彼らは、キリストが神聖な存在であると同時に人間でもあるという考え方を受け入れられなかったためです。このこと以外は、下のようなイコンを用いることなどを含めて、東方正教会との共通点が多くあります。

ギリシャ正教

聖パウロは1世紀に伝道の旅をして、ギリシャにキリスト教を確立しました。当時ギリシャはローマ帝国の一部で、395年にビザンツ（東ローマ）帝国の一部となりました。1453年に帝国はイスラム教のオスマントルコに征服されましたが、正教会はギリシャで生き残りました。

イングランドの守護聖人ゲオルギウスは、スラブ諸国でもきわめて人気が高い。上のイコンは、竜を退治する聖ゲオルギウス。

ギリシャ正教の聖職者はふつうひげを生やし、髪を長くしている。

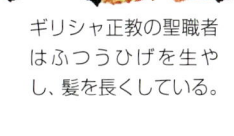

ウラディミル1世の子のボリスとグレブ（下）は、ロシアの最初の聖人となった。

アルバニアの正教会。

右：988年に行われたキエフおよびノブゴロド大公ウラディミル1世の洗礼。

ロシア正教

ロシア正教会は988年、ウラディミル1世が自分の国には大宗教が必要だと考えたことから創立されました。彼はイスラム教、ユダヤ教、ローマカトリック教、東方正教について報告を求めました。その中で東方正教に強い感銘を受け、ウラディミル1世はビザンツ帝国皇帝の妹のアンナとの結婚を決心したのです。

ロシア正教の十字架は横棒が3本ある。

修道院の生活

エジプトの聖アントニウスは、305年、国内のキリスト教修道者を一定の規則のもとに修道院社会でまとめて生活させることを考えました。その後も修道者はばらばらの生活を続けていましたが、318年に同じくエジプト人のパコミウスが、修道士がいっしょに生活する最初の修道院を設立しました。修道院制度はその後、北と西に向かって広がり、男も女も修道院に入り、清貧、純潔、従順を誓うようになりました。修道士はその生活を祈りと仕事、すなわち教育、病人の世話、貧しい人々への援助などにささげました。

修道院での日課
左のクリュニーの修道院の修道士は、日夜さまざまな時間に教会で祈りをささげました。教会は修道院構内でもっとも大きく、もっとも重要な建物でした。そのほかの時間は宗教書の読書や写本、修道院の食物や飲み物を供給する周囲の畑や菜園での農作業に費やされました。

聖フランチェスコ（左端）はフランシスコ修道会を、聖クララ（左）はクララ修道女会を設立した。

修道会
西方教会では、さまざまな修道会がつくられ、多くの修道士や修道女が属していました。最初期のものはベネディクト修道会で、修道士（女）は隠遁と祈りの生活を送っていました。シトー修道会やカルトゥジオ修道会も同様でしたが、もっと厳格でした。その後の修道会にはフランシスコ会や、ドミニコ会があり、会士は慈善を中心とした仕事に時間を費やしていました。

聖ベネディクトゥス（上）は6世紀に、修道院生活の規則を定めた。

修道女と女子修道院

生涯をキリスト教にささげたいと考える女性は修道女と呼ばれ、修道院とは別に設けられた女子修道院で暮らしました。しかし、すべての修道女が宗教的な理由で修道院に入ったわけではありません。父親や夫にしたがうことを拒否したために修道院に入れられた者もいれば、家がなくなったため修道院に入る者もいました。

ベルギーやオランダのベギン会修道女は宗教的な生活を送るが、修道の誓いを立てることはない。

ギリシャ正教の修道院

ギリシャ正教では修道院制度はきわめて重要であり、アトス山はその聖なる山とされてきました。962年に初めて修道士がこの山に入りましたが、11世紀にはそこに180の修道院ができていました。女性（めす動物さえも）は入ることを許されず、修道士は祈りのときに使うため、左に見られるようなロザリオ（数珠）の代わりに、結び目のついたひもを与えられました。

ギリシャ北東部のアトス山に現在も見られる20カ所の修道院のひとつ。

隠者

宗教的な生活を送るため、他の世界とのつながりを絶つ人々を隠者といいます。キリスト教の初期の時代にも、ただひとり荒野で暮らす隠者や、洞くつに住んだり、岩の上や柱の上で生活する隠者がいました。孤独な生活のために気がおかしくなる人もいましたが、修道院がつくられてからも、隠者の暮らしを選ぶ人もいました。

25

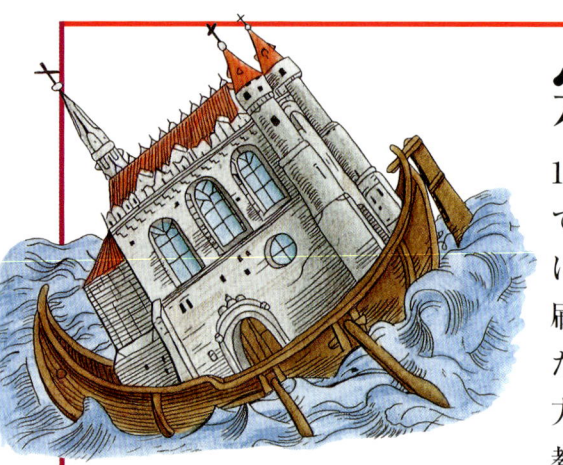

宗教改革

15世紀の終わりになると、人生や宗教についての新しい考え方がヨーロッパ全土に広がりました。書物や文書が印刷されるようになり、こうした印刷物の増加が新しい考え方を助けました。カトリック教会は強力になりすぎて堕落し、高価なおくりものと引きかえに、自分の友人や身内を重要な仕事につけたり、人々の罪を許したりする教皇も出てきました。こうした風潮に、教会を改革し改善すべきだと考える人も多く、彼らの努力の結果、教会の改革の代わりに、プロテスタントと呼ばれる新しい宗派が生まれました。

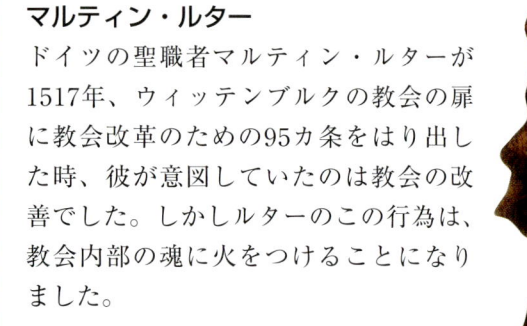

マルティン・ルター

ドイツの聖職者マルティン・ルターが1517年、ウィッテンブルクの教会の扉に教会改革のための95カ条をはり出した時、彼が意図していたのは教会の改善でした。しかしルターのこの行為は、教会内部の魂に火をつけることになりました。

プロテスタントのすべてがマルティン・ルターと同じ意見だったわけではない。下の絵はルター（一番左）と他のプロテスタント改革者たち。

教会の堕落

多くの人々は純粋な信仰から教会に出かけましたが、利己的な理由で教会へ行く人もいました。一部の裕福な修道院や女子修道院は、豪華な生活を望む人々を引きつけ、純潔と従順という原則はしばしば無視されました。

ジャン・カルバン

フランス人のジャン・カルバンは、法律と神学を学んだのち、1530年の前期にプロテスタント運動に関わるようになりました。彼の考え方は、ルターよりも激しいものでした。カルバン派教会（上）はごく簡素で、もっとも重要な家具は説教壇であり、男女の席は分けられていました。

ヘンリー8世

イングランド王ヘンリー8世はマルティン・ルターの考えに強く反発していましたが、1534年にヘンリー8世とキャサリン オブ アラゴンとの結婚取り消しを教皇クレメンス7世が拒否すると、ローマ教会と決別しました。

トーマス・モア卿（1477～1535）は1529年、ヘンリー8世の下で大法官（法務大臣）となった。しかし王が英国教会の長となることに反対したことから、反逆罪で処刑された。

ヘンリー8世は英国教会の長となったが、ローマカトリック教徒でもあり続けた。

この地図は、565年までに新教（ピンクと紫）がヨーロッパでどのように広がっていたかを示したもの。

エラスムス

エラスムスは16世紀の偉大な人文主義者で、教師でした。すべての陣営の人々から尊敬されていたエラスムスは、カトリック教会の堕落を非難し、プロテスタントの宗教改革者たちとも対立しました。

左：エラスムスは1466年頃、ロッテルダムで生まれた。

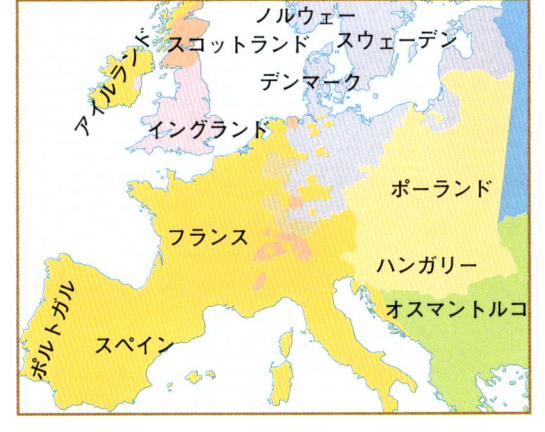

下：イグナチウス・ロヨラ（1491-1556）は、1540年にイエズス会（またはジェスイット会）を創設した。彼は1622年に聖人となった。

反宗教改革

1534年に教皇になったパウルス3世（下）は、プロテスタント運動によって起こった教会の分裂をおおいに悲しみました。1545年に反宗教改革を始め、カトリック教会のイメージを改善し、いちじるしい悪習を取りのぞく方法を見つけようとしました。

イエズス会

カトリックの信仰を奨励し広めるために、軍事組織にもとづいてイエズス会が創設されました。イエズス会士は教皇の指示にしたがって世界中どこへでもおもむき、すぐに教師・宣教師として名をあげることを約束しなければなりませんでした。

芸術とキリスト教

キリスト教では、何世紀にもわたり、さまざまな芸術が重要な役割をはたしてきました。聖書に登場する聖人の物語をわかりやすく示すため、あるいはまた教会建築をできるだけ美しく飾るために、絵画、彫刻、ステンドグラス、モザイク画、彫像などが用いられてきました。しかし、どのような種類の芸術を許すかについては、すべての宗派の考え方が一致していたわけではありません。東方正教会は彫像のような立体像は許さず、新教の教会では壁画を許さないところがたくさんありました。

旧約聖書の三位一体を描いたロシアのイコン。アンドレイ・ルブリョフ（1370〜1430）画。

祭壇装飾

祭壇の後ろの壁に、飾り壁と呼ばれる装飾仕切壁や、祭壇装飾と呼ばれる聖画や聖像が飾られている教会が多く見られます。聖母マリアは、カトリック教会でも東方正教会でも人気のある像で、イタリアの画家ジオットが描いたこの絵のように、赤ん坊のイエスを抱いた姿が多く描かれます。

ビザンツ帝国は730年から843年まで、イコンを禁止していた。多数のイコンが破壊され、傷つけられた。

ゴシック様式の大聖堂の建設には長い年月と何百人もの職人を要した。

ヨーロッパの主なカトリック大聖堂所在地の地図

スウェーデン／オーボー／ウプサラ／タリン／リンチョーピング／ビスビー／リガ／イングランド／ヨーク／リンカーン／カンタベリー／デンマーク／リューベック／マグデブルク／ユトレヒト／エクセター／ソールズベリー／ミュンスター／ナウムブルク／ケルン／プラハ／シャルトル／パリ／ランス／ウォルムス／アミアン／アンジェ／ブールジュ／オーセール／ブール／ストラスブール／ウィーン／神聖ローマ帝国／サンチャゴ・デコンポステラ／ボルドー／トゥールーズ／バーゼル／リヨン／ミラノ／ジェノバ／レオン／ブルゴス／アルビ／アビニョン／ヘローナ／ピサ／フィレンツェ／セゴビア／サラゴサ／バルセロナ／シエナ／オルビエト／トレド／タラゴナ／ローマ／スペイン／バレンシア／パルマ／イタリア／パレルモ

ゴシック美術発祥の地

芸術の守護者

中世時代、多数の王や教皇が、新しい宗教作品の製作を芸術家に注文しました。ウィルトン・ディプティク（2枚折り聖画像、左）はイングランド王リチャード2世のために描かれたもので、王の姿もここに見られます。有名なものとしては、ミケランジェロとボッチチェリの描いたローマのバチカン・システィナ礼拝堂の絵があります。

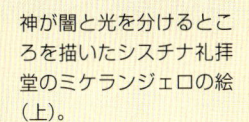

神が闇と光を分けるところを描いたシスチナ礼拝堂のミケランジェロの絵（上）。

金持ちの肖像画

ルネサンス期、権力のある金持ち達は、聖人の直接的な庇護のもとにある自分の家族の姿を描くよう、画家に依頼しました。右の絵はドメニコ・ギルランダイオ（シスチナ礼拝堂の絵も描いている）によるもので、ベスプッチ一族の人々を庇護する慈悲の聖母が描かれています。

モザイク画と壁画

洪水の後、ノアが方舟から動物を放つところを描いたこのモザイク画のような絵は、教会を飾り立てただけでなく、文字の読めない人々が耳から聞いた物語を理解する助けにもなりました。宗教改革の後プロテスタントとなった教会では、多数の絵画が破壊されたり、塗りつぶされたりしました。

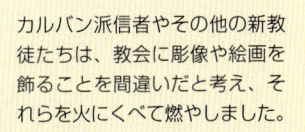

カルバン派信者やその他の新教徒たちは、教会に彫像や絵画を飾ることを間違いだと考え、それらを火にくべて燃やしました。

ししゅう

華やかな模様の入ったタペストリー、祭壇の掛布、祈祷用クッションなど、教会用品にはししゅうやさまざまな装飾をほどこした手芸品がたくさんあります。宗派によっては、僧侶が儀式の際、絹や金銀の糸でししゅうをした衣服を用いるところもあります。左はミサのときに用いる現代の上祭服で、ベネツィアのものです。

フランスの建築家ル・コルビジェの設計した20世紀の教会。古い教会とは異なった外観である。

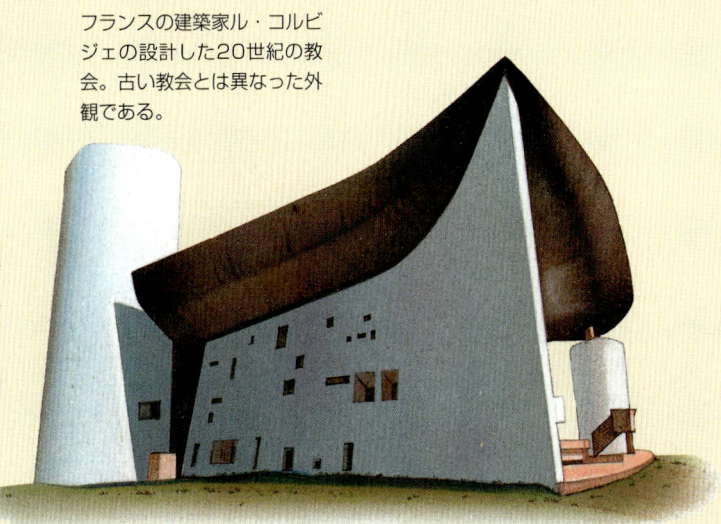

29

宗教戦争

宗教改革が終わると教会が分裂し始め、西ヨーロッパは宗教動乱の時代に突入しました。どちらの側も自分の考え方を相手に押しつけようとし、何万という人々が殺されました。16世紀の争いの多くは、それぞれの国内だけのものでした。しかし1618年にはボヘミアのプロテスタントと、支配者であるカトリックの神聖ローマ皇帝との間に戦争が始まり、1648年に戦争が終わるまでに、スペイン、フランス、デンマーク、スウェーデンなど、他の多くの国々を巻き込んだ戦いになりました。

異端との戦い
上の絵では、異端と考えられたプロテスタントを防ぐ要塞として、カトリック教会が描かれています。しかし、方法がすべて暴力的だったわけではありません。聖職者に対する教育を高め、人々が宣教師となることを奨励することによって、カトリック教会はこの時期に多くの新しい信者も得ることができました。

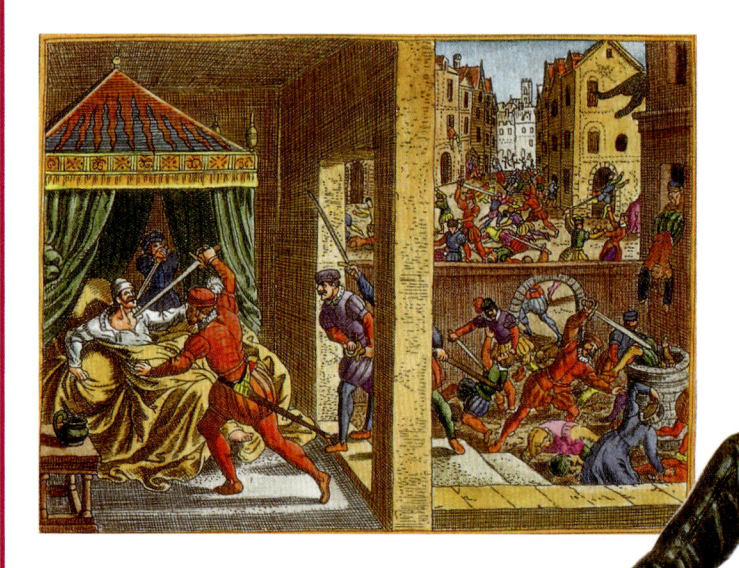

フランスにおける宗教戦争
きびしい迫害を受けながらも、16世紀半ばまでにプロテスタント（ユグノー教徒）はフランスの政治に大きな影響力をもつ勢力になっていました。1562年に誰が王権を統制すべきかをめぐって内戦が起こりました。母親のカトリーヌ・ド・メディチに操られたフランス王シャルル9世は、1572年の聖バルトロメオの日にユグノー教徒の虐殺を命じました。2万人もの人が殺されたといわれています。教皇（右）は喜び、ローマで感謝の特別礼拝を行いました。

フランスのアンリ4世
フランスの宗教戦争は1598年、アンリ4世がナントの勅令に署名して終わりました。彼はプロテスタントで、ユグノー教徒のリーダーでしたが、1593年、フランス王としての地位を守るため、カトリック教徒になりました。

ナントの勅令（上）は、フランスにおけるプロテスタントの宗教的自由を保障した。

宗教裁判所

カトリック教会は異端と戦うために、宗教裁判所を設立しました。宗教裁判所では被疑者を自白させるため、拷問を加え、自白しないものは投獄され、あるいは火あぶりに処せられました。宗教裁判はイタリアやスペインで、広くプロテスタントに対して行われました。

罪を自白した異端者は、後悔の気持ちを示すため、悔い改めを行うか、罰金を支払わなければならなかった。悔い改めを拒否する異端者は投獄され、時には炎のもようのついた長胴衣（左）を着て町を引き回されたのち、火あぶりにされた。

フェリペ2世（1556-1598）は、自分のことをヨーロッパのローマカトリック教会の最高位者と考えていた。

オランダの反乱

スペイン王のフェリペ2世は、オランダも統治していました。1566年、彼はオランダのプロテスタントを粉砕するため軍隊を送りましたが、全国的な反乱に発展し、18年にわたる激しい闘争ののち、北部連合7州が独立を宣言しました。

スペイン軍はオランダの町々を破壊し、住民を皆殺しにした。左は、プロテスタントの反逆者の集団処刑。

プラハの窓外放出事件

1618年、ボヘミアに住むプロテスタントの貴族が、教会を取り壊せという神聖ローマ皇帝の命令に抗議するため、プラハに集まりました。そして皇帝の弁務官を窓から放り出したことから、これはプラハの弁務官窓外放出事件と呼ばれるようになりました。

三十年戦争（1618〜48年）

この戦争でプロテスタント側はオランダ、デンマーク、スウェーデン（左はスウェーデン王）の支援を受け、神聖ローマ帝国側にはスペインがつきました。結局プロテスタントが勝利を収めましたが、それはフランスが神聖ローマ帝国およびスペイン（いずれもカトリック教国）と戦った後のことでした。

この地図は1700年のヨーロッパが、各宗派によってどのように分割されていたかを示したもの。

- 英国国教
- カルバン派
- 東方正教
- ルーテル派
- ローマカトリック
- イスラム

女性と教会

イエスは女性を男性と平等に扱いましたが、キリスト教会はかならずしもそのとおりにはしませんでした。イブはエデンの園で誘惑に負けたので、女性は男性よりも劣（おと）るものと考える人々もいました。今日では、プロテスタントは女性を平等に扱い、男性とまったく同じように女性が聖礼典（せいれいてん）（秘蹟（ひせき））を行うことを許すところも多くあります。

この中世のレリーフ像には、エデンの園でリンゴをもぎ取るイブが彫られている。

聖母マリアと赤ん坊のイエスを抱いているエチオピアのイコン。

聖母マリアの肖像をかついで町中を練り歩く、ポーランド・ワルシャワの華やかな行列。

新約聖書の女性たち

新約聖書には、初期の教会で重要な役割をはたした女性の物語がしるされています。よく知られているのは、マグダラのマリアです。彼女はイエスによって救われた娼婦（しょうふ）であり、復活後のイエスと言葉を交わした最初の人間でした。

聖母マリア

マリアの重要性はイエスの死後増していき、中世にはイエスに次ぐ重要な存在となりました。今日でもローマカトリックの国々では、マリアの人気は高く、マリアをたたえる巡礼や行列（右上）が行われます。神の恩寵（おんちょう）を得るのをマリアが助けてくれると人々は信じています。

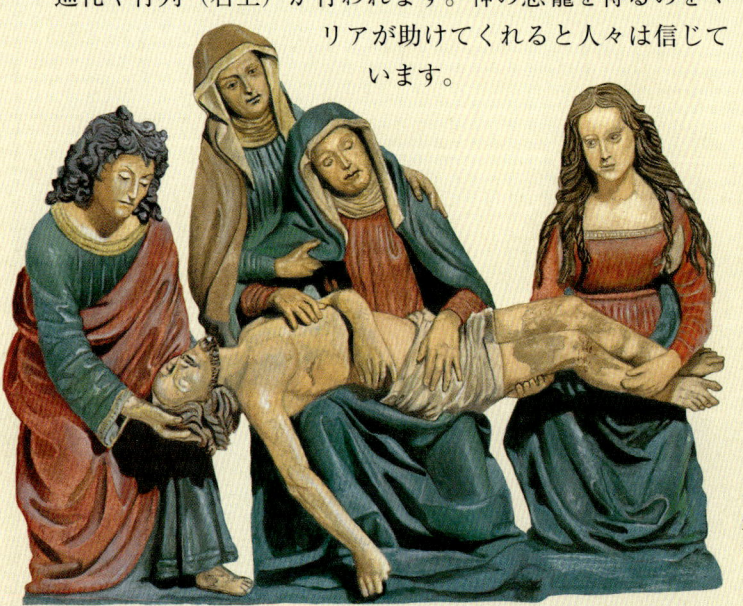

聖ヘレナと本物の十字架（じゅうじか）

ローマ皇帝コンスタンチヌスの母の聖ヘレナは、聖地を訪れて教会をいくつか創（そう）建しました。彼女はイエスが処刑（しょけい）された十字架（じゅうじか）を発見したと伝えられています。

イエスの磔刑（たっけい）後、遺体の埋葬の準備をする女性たち。聖母マリアやマグダラのマリアがいる。

女性の聖人

信仰を守る上での勇気や、イエスとのつながりの深さによって聖人に列せられた女性達がいます。またフランスの聖ジャンヌや聖ベルナデットのように、聖母マリアの幻を見て人生が根本から変わった女性もいました。

1429年、ジャンヌ・ダルクは神の幻影を見、それに助けられて、英国軍と戦うフランス軍を勝利に導いた（左）。

右の細密画は、12世紀にドイツで生まれた女子修道院長ビンゲンのヒルデガルトの見た幻影を描いたもの。

アビラの聖テレーズの見た幻影は、カルメル女子修道会の改革を助けた（右）。

女性を分ける

聖職者の中には、教会では男女が別々に座ったほうが礼拝に集中しやすいと考える人たちがいました（下）。また、女性は頭をおおうことを求められました。

教皇ヨハンナの伝説

現在まで、カトリックの聖職者は結婚していない男性とされていますが、13世紀には教皇ヨハンナ（左）の伝説が広がりました。彼女は高い教育を受け、男のような服装をして、2年間にわたって教会を支配しましたが、行列の途中で子どもを産み落とし、女性であることの秘密が暴露されました。

反宗教改革以前の説教やミサでは、男女は別々に座ることが多かった（上）。別々の入り口から、教会に入らなければならないこともあった。

女性の聖職者

20世紀後半になって、女性を男性と平等に扱い、礼拝や聖礼典（秘蹟）を行うことを認めるよう求める女性が増えてきました。英国教会も含め、多くのプロテスタント教会で、彼女たちは少しずつこの権利を獲得していきました。

33

アメリカ大陸のキリスト教

キリスト教が初めてアメリカ大陸に伝来したのは、15世紀末でした。スペインの探検隊は西インド諸島の島々を征服し、続いてメキシコや南米の大部分を支配下に置きました。ブラジルはすでにポルトガルの植民地になっていました。それからほぼ1世紀後、英国の迫害を逃れた清教徒がマサチューセッツに入植し、北米にキリスト教をもたらしたのです。

ブラジルのコンゴニャスにあるバロック様式の教会。

カトリック伝道団

フランス、スペイン、ポルトガルはアメリカ大陸の大部分の領有を宣言すると、先住民をカトリックに改宗させるため、ヨーロッパから伝道団を派遣し始めました。スペインの影響力は、現在のカリフォルニア、アリゾナ、ニューメキシコ、テキサスにまで広がり、そこには彼らの伝道教会が今でもいくつか見られます（下）。

フランスの修道士ルイ・エヌパンは、ナイアガラの滝を見た最初のヨーロッパ人だったようである。

左：テキサス州サンアントニオのアラモは、1718年に伝道所として建てられた。

スペイン人の暴虐ぶり

スペイン人宣教師バルトロメオ・デ・ラス・カーサス（右）は1513年にキューバにいき、スペインによる征服の際に現地民の男女や幼児、乳児に対して行われた暴虐に衝撃を受けました。彼は自分が目にしたことを詳細な報告書にまとめ、スペインに帰国後、それを広く配布しました。

上：アメリカ大陸の先住民は、さまざまな神々や女神を崇拝していた。ケツァルパパロトルはアステカ族の神だった。

清教徒（ピューリタン）

16世紀のイングランドには、厳格なプロテスタントの新しい教会をつくりたいと考える、清教徒と呼ばれる人々がいました。イングランド王ジェームズ1世（上）は、1612年に清教徒が要求する聖書の新訳を認めました。それでも彼らは英国では迫害されていると感じ、1620年9月、102人の清教徒達がメイフラワー号で、イングランドを離れて北米に向かいました。

1640年までに、マサチューセッツの清教徒は1万4000人以上になっていた。彼らは信心深く、生活のためにきびしい労働を続けた。

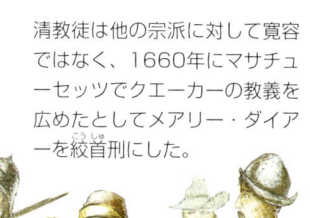

1620年12月、アメリカの海岸に近づくメイフラワー号（右）。

北米先住民の改宗

清教徒がマサチューセッツにやってきた時、先住民はすでに自分の宗教を信仰していました。清教徒の聖職者たちはそれを未開のものと考え、彼らをキリスト教に改宗させようとしました。ジョン・エリオットはアルゴンキン族にキリスト教を説き、15年たって初めて、彼らが教会に入ることを許しました。

クエーカー教徒

1646年、イングランド人ジョージ・フォックスは神のお告げを得て、クエーカー派を創設しました。その信仰は愛と友情にもとづいたものでしたが、英国では迫害されました。1681年、彼らはペンシルバニア州に入植し、アメリカ先住民を助け、すべての人に対する宗教的寛容さを説きました。クエーカー派は後になって、アマン派やメノー派など、他の宗派の人々も魅了しました。

クエーカー派はフレンド派とも呼ばれた。彼らは簡素な服装をし、お互いを呼ぶのに「あなた」（you）ではなく、「なんじ」（theeやthou）というていねいな言葉を使った。

清教徒は他の宗派に対して寛容ではなく、1660年にマサチューセッツでクエーカーの教義を広めたとしてメアリー・ダイアーを絞首刑にした。

35

7つの秘蹟(ひせき)

7つの秘蹟とは、神の恩恵(おんけい)を個人や集団にもたらすためのおごそかな儀式をさします。中心の儀式は聖餐式(せいさんしき)(聖体拝領(せいたいはいりょう))と洗礼で、これはすべての宗派のキリスト教会で受け入れられています。残りの5つは堅信(けんしん)、告解(こっかい)、婚姻(こんいん)、叙階(じょかい)、病人の塗油(とゆ)です。

聖餐式(せいさんしき)(聖体拝領(せいたいはいりょう))

聖職者が集まった人にパンとぶどう酒(またはグレープジュース)を与える聖餐式(聖体拝領(せいたいはいりょう))は、キリスト教会でもっとも重要な秘蹟とされています。ミサとも呼ばれ、その起源はイエスが弟子とともにパンとぶどう酒を食べた最後の晩餐(ばんさん)にあります。パンはイエスの体、ぶどう酒はイエスが信者のために流した血を表します。

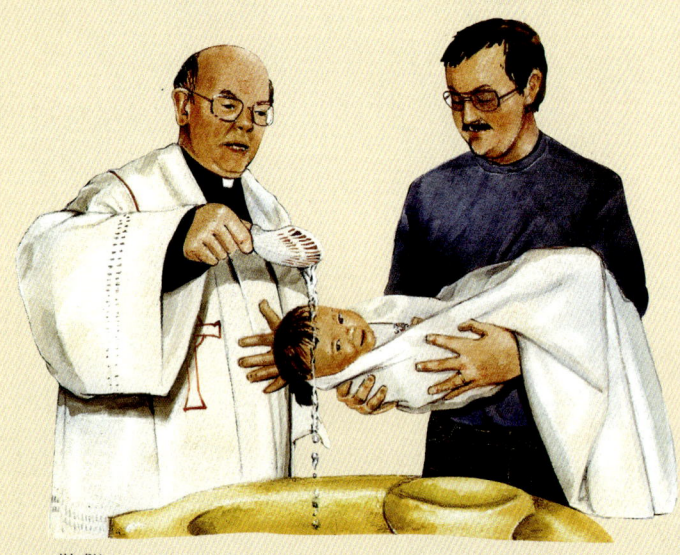

洗礼(せんれい)

洗礼はキリスト教会の第一の秘蹟であり、多くは子どもが生まれてすぐに行われます。聖職者が子どものひたいに水を注ぎ、子どもを教会に迎え入れ、名まえを授けます。

宗派によっては、洗礼は成人してから行うべきものと考え、全身を水につけるところもある。

最初の聖体拝領はローマカトリック教徒が子ども時代に経験するもっともはなやかな行事で、女の子はみな白い服を着る。

堅信(けんしん)

堅信とは信者を教会の正式な教会員とする儀式であり、信者が聖餐式(せんさんしき)に参加するのを許すことです。幼児期、青年期、成人後のいずれにも行われます。すべてのキリスト教会が、堅信の秘蹟を行うわけではありません。

36

婚姻

婚姻の秘蹟は聖職者の前で行われます。儀式の際、花嫁と花婿は死ぬまで貞節であることを約束します。結婚は、イエスと教会の結合も象徴しているのです。

今日では他にもさまざま結婚式のスタイルがあるにもかかわらず、教会での式は今でも人気が高い。

告解

告解はローマカトリック教会では重要なもので、聖職者は信者が犯した過ちについての懺悔に耳を傾け、神の名によって懺悔者に許しを与えることができます。

叙階

叙階の秘蹟は司教によって聖職者の地位を与えられる儀式で、ふつうは数年にわたる学問と訓練の後に行われます。ローマカトリックの聖職者は礼拝を司式する時、多くは右に見られるような特別な礼服を身に着けます。

十戒

キリスト教徒はイエスの教えのほか、十戒も守るよう心がけます。旧約聖書によれば、モーセが人々を導いてエジプトへ脱出した時、神の与えた石板に十戒の言葉が彫られていました。

他の人々のための礼拝

最後の晩餐でイエスは弟子の足の汚れを、左に見られるような鉢を使って洗いました。これはふつう召使いのする仕事でしたが、イエスは自分がその仕事をすることによって、弟子に、彼らもまた外に出かけて他の人々に仕えなければならないことを示したのです。

キリスト教徒が死を迎えようとするとき、この中世の男（下）のように、天国にいくことを望んで、自らの罪を懺悔することも多い。

病人への塗油

多くの宗派に、病人や死を迎えつつある人々を助けるための礼拝があります。特別な祈りを唱え、病人に手を当てます。病の重いものには祝福を与え、死の準備のための聖油をぬります。

世界の教会

1500年から1900年までの間に、ヨーロッパの数カ国——スペイン、ポルトガル、英国、フランス、オランダ——が、しだいに世界各地の支配権を握るようになりました。当初これらの国々は交易に関心を持っていましたが、やがてアフリカ、南北アメリカ、アジアの多くの地域に自らのための植民地を築きました。植民地が確立されると、各国は宣教師を送り、現地の住民をキリスト教に改宗させていきました。

アフリカの宣教師

上のナイジェリアの彫像に示されるような宣教師は、キリスト教を伝えることで、アフリカ人を助けていると信じていました。彼らは、海岸線からアフリカ大陸の奥地に入っていきましたが、ヨーロッパ人としては初めてのことでした。こうして宣教師は、各地に教会や学校を建てていきました。

ラビジュリー枢機卿

ラビジュリー枢機卿（左）はアルジェの大司教で、1868年にアフリカ人をキリスト教に改宗させるための白人神父伝道会を設立しました。彼はまた社会的道義心をもち、中央アフリカの人々を守るための奴隷制反対組織をつくることに後半生をささげました。

右はアフリカでの主な伝道経路を示した地図。

左：古代コプト派のタペストリー。麻と羊毛でできている。

上：エチオピア正教会の聖職者。エチオピアは、北アフリカで唯一、国民の大半がキリスト教信者である。

コプト正教会

コプト正教会はエジプトで主要な位置を占めるキリスト教会です。ほとんどがイスラム教徒であるエジプトでは、コプト派は少数派の宗教集団で、アラビア語で礼拝を行います。

† プロテスタント伝道団
† ローマカトリック伝道団
→ プロテスタント伝道団の進路
→ ローマカトリック伝道団の進路

聖母マリア像を運ぶインド・ポンディシェリのローマカトリックの行列。

アメリカで行われたアフリカ人の改宗

17世紀から19世紀にかけ、何百万というアフリカ人がアメリカに連れてこられ、奴隷として売られました。彼らは独自の宗教をもっていましたが、奴隷の所有者は、牧師をよんで彼らをキリスト教に改宗させました。

インドのキリスト教

インド亜大陸にヨーロッパ人がやってきた時、そこではすでに独自の宗教が確立されていました。大多数の人々はヒンズー教徒かイスラム教徒でしたが、シーク教徒や仏教徒もいました。それにもかかわらず、ポルトガルの宣教師は自国の植民地で、人々をローマカトリックに改宗させ、オランダや英国の宣教師は、住民の一部をプロテスタントに改宗させました。

カリブ海地域のところどころで見られるブードゥー教は、西アフリカの信仰とカトリックとが混じり合っている。忘我の状態、ドラムたたき、そしてダンスが主要な儀式である。

この聖母子像は太平洋のソロモン諸島のもの。

日本のキリスト教

1549年、スペインの聖職者が日本にきて、ローマカトリックの布教を始めました。その後、他の宣教師もやってきて、1600年までに約30万人の人々を改宗させました（下）。日本の支配者は宣教師の後に外国の軍隊がやってくるのではないかと考え、宣教師を国外に追放し、新しい宗教を捨てなければ殺すと日本の信者を脅しました。

宗教の混合が見られることもある。この十字架は中央に仏陀の座像がついている。

世界の隅々まで

20世紀後半には、キリスト教は太平洋、インド洋、大西洋の辺境の島々も含め、世界のあらゆるところに広がりました。しかし、地域によっては信者になるものがほとんどなく、宣教師は人々の改宗よりも、教育や医療により多くの力を注いだところもありました。

39

祭日

キリスト教の最も重要な祭日はクリスマス（降誕祭）とイースター（復活祭）で、人々がイエスの誕生と死について深く思いをめぐらすための日です。クリスマスは12月25日と定められていますが、イースターサンデーは春分（3月21日）後の最初の満月の次にくる日曜日と定められており、3月22日から4月25日までのどの日になるかは決まっていません。四旬節、シュロの日曜日、ペンテコステ（聖霊降臨節）、昇天日は、それぞれの年のイースターの日をもとにして定められます。

イエスの生まれた日は正確には分かっていないが、336年に12月25日と定められた。

エピファニー（顕現日）

1月6日の顕現の祭りは、イエスの誕生を祝うため3人の賢人がおくり物を持ってやってきた日を記念して行われるものです。クリスマスではなく、この日におくり物を交換する国もあり、ドイツでは子どもが王様の服装をします。

四旬節と告解火曜日

四旬節はイースター前の40日間で、聖灰水曜日から始まります。この間キリスト教徒は断食をし、罪を懺悔するとされています。四旬節の始まる前日が告解火曜日で、リオデジャネイロやベネツィアをはじめ、多くの場所で行われるカーニバルの最終日にあたります。

四旬節の間と金曜日には、キリスト教徒は魚は食べてもいいが、肉は食べてはならない。これはイエスが荒野で行った断食を忘れないようにするためである。

イースター前の日曜日にイエスがロバに乗ってエルサレムに入った時、人々はイエスの進む道にヤシの葉を投げた。シュロの日曜日はこれを祝うものである。

聖週間

シュロの日曜日とイースターサンデーとの間の1週間が聖週間にあたり、キリスト教徒はイエスの死と復活にいたる出来事に思いをめぐらします。スペイン南部では、聖週間には悔悟者（自分の犯した罪を悔い改める者）が十字架を持ち、長いロープと先のとがった長い帽子を身に着けて（左）、行列して歩きます。

洗足木曜日は、キリスト教徒がイエスと弟子の最後の晩餐を思い起こす日である。

受難日とイースターサンデー

キリスト教徒にとって受難日は、イエスの死を思い起こす、1年のうちでもっとも厳粛な日です。多くの地域では、行列を含む行事が行われます。これに対してイースターサンデーは最も楽しい日であり、教会は花で飾られ、人々はイエスの復活を祝います。

卵は春の祭りにともなう、再生と新しい生命を表す異教の伝統的な象徴である。キリスト教徒もしばしばイースターサンデーに、イエスの復活を思い起こすように、装飾した卵やチョコレートの卵を食べる。

イースターにはホットクロスバンズ（十字架つきの菓子パン）やシムネルケーキを食べる。ドイツではプレッツェルの人気が高い。

その他の祭日と聖人の日

キリスト教徒の1年には、そのほかにも多くの祭日があります。イースターから40日後にあたり、イエスの昇天を祝う昇天日、イースター後の7回目の日曜日にあたる聖霊降臨日（下左）、聖母マリアの昇天を祝う8月15日の聖母被昇天の祝日（右）などがこれに含まれます。聖人にはそれぞれの祝日があり、すべての聖人を祝う日が万聖節です。

聖霊降臨日は、イエスの弟子のもとに聖霊が現れた日を祝う。

死者の日

11月2日の万霊節は死者の日とも呼ばれ、これまでに死んだすべてのキリスト教徒の記念日です。多くの国で、人々は友人や親族の墓に火のついたろうそくを立て、メキシコでは、子どもがキャンディでできたずがい骨を食べます（右）。

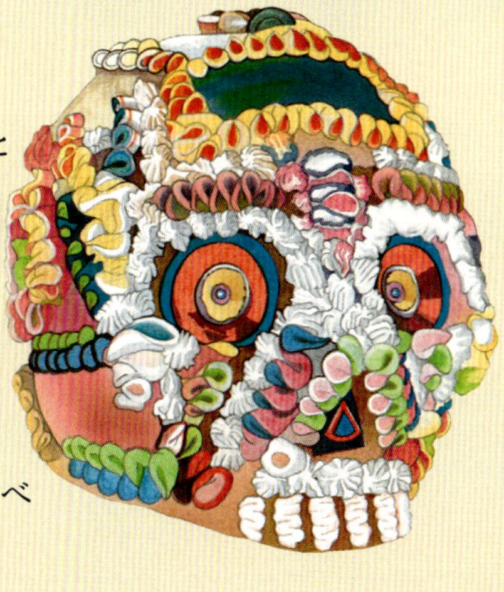

今日のキリスト教

21世紀はじめの現在、世界ではかつてなかったほど多くの宗教が混じり合っていますが、キリスト教は今も拡大を続け、新しい信者を得ています。とくにアメリカでは、福音教会信者が舞台やテレビに登場するたびに新しい信者を獲得し、東ヨーロッパの旧共産圏諸国では他の地域のキリスト教団体からの援助も頻繁に受け、教会が急速に再建されつつあります。

ポーランドのカロル・ウォイティラは1978年、教皇ヨハネ・パウロ2世となった。彼は広く各地を旅することによって、ローマカトリックに対する支持をさらに広めた。

慈善活動

20世紀には、多数のキリスト教組織が慈善活動に参加しました。とくによく知られているのは、インドで貧しい人々のために働くマザー・テレサ（左）によって設立された「神の愛の宣教者会」です。彼女は1997年にこの世を去りましたが、その仕事は今も続いています。

神の息子たち

今日見られる伝道者の中には、前世紀以前の人々とは変わった人もいます。たとえば、「サンズ・オブ・ゴッド」（神の息子たち）と呼ばれるアメリカのグループは、もとの「ヘルズ・エンジェルズ」（地獄の天使たち）によって組織されています。バイク乗りのような服装をした彼らは、キリスト教の集会に出かけ、そこに集まるバイク乗りたちにキリスト教の教えを広めようと努めています。

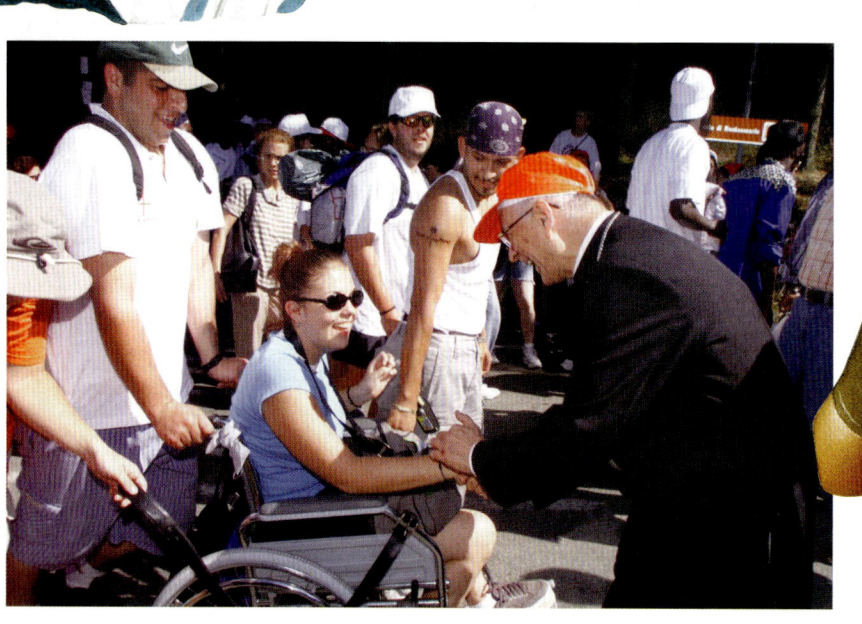

世界中から何百万というキリスト教徒が、2000年の記念祭に参加するためイタリアに集まった。写真は、イタリアのフィレンツェで車いすの若い女性を歓迎するローマカトリックの聖職者。

社会正義のために働く

最近のキリスト教指導者のなかには、自分の地位を用いて信者の社会正義を高め、生活条件の改善に力をつくした人々もいます。デズモンド・ツツは、南アフリカでアパルトヘイトの廃止に大きな役割をはたし、マーチン・ルーサー・キングはアメリカの黒人のために非暴力による公民権運動を指導し、ノーベル平和賞を受賞しました。

マーチン・ルーサー・キング牧師は1968年に暗殺された。

北アイルランド

北アイルランドの街では、30年以上にわたり、英国の兵士がパトロールしています。アイルランドが再びひとつの国家として統一されることを望む少数派のローマカトリック教徒と、英国の一部として留まることを望む多数派のプロテスタントの人々との紛争が、本格的な戦争に発展するのをとめるためでした。1998年に平和協定がなされ、事態は改善されました。

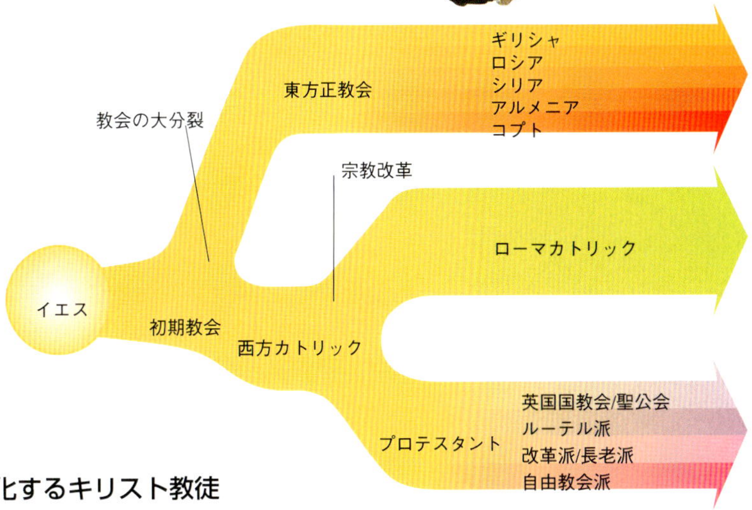

イエス → 初期教会
- 教会の大分裂 → 東方正教会（ギリシャ、ロシア、シリア、アルメニア、コプト）
- 西方カトリック → 宗教改革
  - ローマカトリック
  - プロテスタント（英国国教会/聖公会、ルーテル派、改革派/長老派、自由教会派）

救世軍は、軍隊組織にのっとって組織、運営される国際キリスト教宗教慈善運動である。

多様化するキリスト教徒

キリスト教徒のなかでも、イエスをどのような存在と説明するか、あるいは神への崇拝はどのようなやり方がよいのかといった問題に、いつの時代にも異なる考え方が存在してきました。今日でも、一口にキリスト教といっても多数の異なる伝統があり、今なお新しい考えにもとづいて新たな教会が設立されています。

台湾では、人口の約8%がキリスト教徒である。この台湾のカップルは、キリスト教の儀式にしたがって結婚した。

用語解説

イースター（復活祭） キリストの復活を祝う、年に一度の祭り。イースターサンデーは、春分後最初の満月の後の最初の日曜日と定められている。

イコン 教会や家庭で崇拝されるキリスト、聖母マリア、聖人、その他の宗教的なテーマを描いた聖画像。

異端 支配的信仰と対立する考え方や信仰をかたく保持すること。このような対立する信仰を持つ人は、異端者と呼ばれる。

隠者 宗教的修練を実践するため、完全な孤独のうちに暮らす人。

改宗 人を説得し、特定の宗教的信仰に入らせること。

教会 「教会」という言葉はキリスト教徒にとって2つの意味がある。もともと「教会」という言葉は、この世界のキリスト教徒の共同体全体を表すために用いられていた。キリスト教が広まるのにともない、信者が集まって礼拝をし、祈りをささげるための建物も表すようになった。現在は、キリスト教のなかのさまざまな宗派を表すのにもこの言葉が用いられる（東方正教会、ローマカトリック教会など）。

教会の大分裂 キリスト教における精神的忠誠の分裂状態は、ローマとアビニョンに2人の教皇が併存した1378〜1417年の教皇選挙の争いから起こった。

教皇 ローマカトリック教会の指導者。ローマ司教ともいう。

キリスト 「油を注いで清められた救世主（メシア）」を意味するギリシャ語。キリスト教では、キリストもメシアもイエスの別の名まえ。

キリスト教 イエス・キリストの生涯、教え、死をもとにした宗教。

堅信 信者を正式な教会員とするための儀式。

最後の晩餐 ユダヤ教の過越祭の日に、イエスとその弟子がとった最後の食事。

使徒 イエスがこの世にいた時の、もっとも身近な弟子。とくに12人の弟子を十二使徒と呼ぶ。

宗教改革 ローマカトリック教会内部の腐敗を正すことを目的とした16世紀の宗教運動で、最終的に教皇の至高性を否定し、ローマカトリック教会の慣例を改革し、プロテスタント教会を生み出した。それに続いて1545年にはローマカトリック教会を内部から改革する反宗教改革が起こった。

宗教裁判所 中世および近代初期にスペインに設けられ、異端の取り調べを行い、きびしい処罰によって異端を排斥したカトリックの審判の場。

十字架 処刑の手段として人をかけるのに用いられる、2本の木片を交差させてとめたもの。イエスはローマの十字架にかけられて死んだ。この手段による死は磔刑と呼ばれる。現在ではキリスト教の象徴となっている。

十字軍 教皇が1095年に非キリスト教徒に対して送った遠征軍。3世紀にわたって続けられた。

修道院 キリスト教にささげた生活を送ることを誓った人のためにつくられる、宗教的隔離のための施設。修道院で暮らす男性は修道士（修道僧）、女性は修道女（尼僧）と呼ばれる。修道女の暮らす施設は女子修道院（尼僧院）という。

十戒 神がモーセに与えた十カ条の人生の戒めで、すべてのキリスト教徒が従わなければならないとされる。

巡礼者 聖地を訪ねる旅をする人。その旅を巡礼と呼ぶ。

神聖ローマ帝国 教皇レオ3世が800年、キリスト教支持者でヨーロッパの広大な地域の帝王だったシャルルマーニュに冠を授けたことによって生まれた帝国。

聖三位一体 ひとりの神が、父なる神、子なる神、聖霊という3つの同格、別個の姿を持つこと。

聖書 キリスト教徒のもっとも神聖な書物。紀元前1000年から100年頃に書かれ、多数の異なる書物から構成されている。旧約聖書と新約聖書に分けられる。

聖人 生前の敬虔さによって、死後に教会で公式に栄誉を認められた神聖な人。守護聖人は、ある団体、活動、国などの利益を守ってくれる天の特別な守護者。

聖地 生きていた時のイエスと関係のある土地、聖書の中に出てくる場所と関係のある土地。

聖母 キリストの母、処女マリアの絵、彫像などマリアを表現したもの。

聖霊 人間の世界に神が姿を現したもの。聖三位一体のひとつ。

洗礼 キリスト教徒になるための儀式で、水に体を浸すか、または水をひたいにかけ、聖句を唱える。

大聖堂 司教の座席（カテドラ）の置かれている教会で、公式には教区の最高位の教会。教区は司教が管理権限をもつ地域。

伝道所 人々をキリスト教に改宗させるため、教会がつくる施設。各地を旅して伝道所をつくる人を伝道者という。

東方の三賢人 誕生後間もない赤ん坊のイエスのもとに敬意を表しにやってきた東方の三賢人。毎年彼らが来訪した1月6日に、顕現の祭りが行われる。

秘蹟（聖礼典） 神の恩寵を個人または集団にもたらすため、キリスト教会で行われる厳粛な儀式。

福音書 キリストの生涯と教えをしるした新約聖書の最初の4書を指す。福音という言葉は、キリスト教の信仰や、イエスと使徒の教えのすべてを表すのにも用いられる。

復活 イエスが十字架上で死んで3日後に再び生き返ったことをさす。毎年イースターでは、キリストの復活を祝う。

プロテスタント ローマカトリックまたは東方教会の信仰に固執しないキリスト教徒。また、そのような人の教会や信仰も表す。プロテスタントの信仰は16世紀の宗教改革から生まれた。

ミサ キリスト教徒の秘蹟のひとつで、最後の晩餐でイエスが弟子たちにパンとぶどう酒を分け与えたのを記念して、聖職者が会衆に聖なるパンとぶどう酒を与える。聖餐式、聖体拝領ともいう。

ユダヤ教 唯一神（ヤハウェ）の信仰と、ユダヤ教聖典の厳守を特徴とする、ユダヤ人の宗教。

さくいん

あ行

アウグスチヌス ……………16
アクレ ……………19
アダムとイブ ……………8
アイオナ島（スコットランド）……16
アイルランド ……………16, 43
アステカ族 ……………34
アトス山 ……………25
アビニョン（フランス）……17
アフリカ ……………38, 39
アマン派 ……………35
アメリカ ……………34, 39, 42, 43
アメリカ先住民 ……………34, 35
アラビア ……………18
アラビア語 ……………38
アリゾナ ……………34
アルゴンキン族 ……………35
アルジェの大司教 ……………38
アルバニア ……………23
アルメニア ……………43
アンティオキア ……………18
アンデレ ……………12
アントニウス ……………24
アンリ4世、フランス王 ……………30
イースター ……………40, 41, 44
イエス ……………8-11, 20-22, 28, 32, 33, 36, 37, 40, 41, 43
イエズス会 ……………27
イグナチウス・ロヨラ ……………27
イコン（聖画像）……22, 23, 28, 32, 44
イザヤ、預言者 ……………20
イスカリオテのユダ ……………11
イスラエル ……………8
イスラム教 ……………18, 23
イスラム教徒 ……………18, 19, 39
イタリア ……………9, 16, 17, 31, 42
祈り ……………9, 14, 15, 24
イブ ……………32
遺物 ……………19
イングランド ……………35
隠者 ……………25, 44
インド ……………39, 42
インド洋 ……………39
ウィッテンブルク（ドイツ）……26
ウェールズ ……………16
ウラディミル1世、大公 ……………23
ウルバヌス2世 ……………18
ウルバヌス6世 ……………17
英国 ……………15, 16, 38, 39, 43

英国教会 ……………27, 33
英国国教 ……………31, 43
エジプト ……………10, 24, 37, 38
エジプト人 ……………19
エチオピア ……………38
エチオピア正教会 ……………38
エデッサ ……………18
エデンの園 ……………8, 32
エヌパン、ルイ ……………34
エピファニー（顕現日）……………40
エラスムス ……………27
エリオット、ジョン ……………35
エルサレム ……………11, 18, 40
オスマントルコ ……………23
オランダ ……………25, 31, 38, 39

か行

カーサス、バルトロメオ・デ・ラス ……34
改宗 ……………12, 16, 35, 39, 44
カタコンベ ……………13
カトリック教会 ……………26-28, 30, 31
カリフォルニア、米国 ……………34
カリブ海地域 ……………39
ガリラヤ湖 ……………12
カルバン、ジャン ……………26
カルバン派 ……………26, 29, 31
カンブリア（英国）……………15
キエフ（ウクライナ）……………23
北アイルランド ……………43
北アフリカ ……………18
記念祭 ……………9, 42
キャサリン オブ アラゴン ……27
救世軍 ……………43
キューバ ……………34
ギリシャ ……………23, 25
ギリシャ正教 ……………23, 25
ギルランダイオ、ドメニコ ……………29
キング、マーチン・ルーサー ……43
グーテンベルク、ヨハネス ……21
クエーカー派 ……………35
クムラン ……………20
クララ ……………24
クララ修道女会 ……………24
クリスマス（降誕祭）……17, 40
クリューニー ……………24
グレゴリウス11世、教皇 ……17
グレブ ……………23
クレメンス5世、教皇 ……17
クレメンス7世、教皇 ……17, 27

敬虔王ルイ ……………17
ゲオルギウス ……………23
ケツァルパパロトル ……………34
ケルト・キリスト教 ……………16
賢者 ……………44
堅信 ……………36, 44
ケント（イングランド）……………16
コーンウォール（英国）……………16
告解 ……………36, 37
告解火曜日 ……………40
ゴシック様式の大聖堂 ……………28
コプト正教会 ……………23, 38
コルビジェ、ル・ ……………29
コルンバ ……………16
婚姻 ……………36, 37
コンゴニャス（ブラジル）……………34
コンスタンチヌス ……………13, 32
コンスタンチノープル ……19, 22

さ行

最後の晩餐 ……………11, 36, 37, 41, 44
祭日 ……………40, 41
祭壇 ……………28
サクソン人 ……………16
サラディン ……………19
三賢人 ……………10, 15
三十年戦争 ……………31
賛美歌 ……………9
シーク教徒 ……………39
ジェームズ1世、イングランド王 ……35
ジオット ……………28
死海文書 ……………20
司教 ……………13, 14, 37
司祭 ……………14
死者の日 ……………41
四旬節 ……………40
システィナ礼拝堂 ……………29
使徒 ……………12, 44
シド、エル ……………19
シトー修道会 ……………24
使徒行伝 ……………12
シャルル9世、フランス王 ……………30
シャルルマーニュ大帝 ……………17
ジャンヌ・ダルク ……………33
宗教改革 ……………21, 26, 29, 30, 43, 44
自由教会派 ……………43
宗教裁判所 ……………31, 44
十字軍 ……………18, 19, 44

十字軍王国 ……………18
十字軍の城 ……………18
修道院 ……………16, 18, 24, 25, 26, 44
ジュート人 ……………16
十二使徒 ……………11
十戒 ……………9, 37, 44
シュバリエ城塞 ……………18
シュロの日曜日 ……………40, 41
巡礼 ……………9, 19, 32
昇天日 ……………40, 41
シリア ……………18
神聖ローマ帝国 ……………17, 31, 44
スウェーデン ……………30, 31
スカンジナビア ……………16
過越祭 ……………11
スコットランド ……………16
スペイン ……14, 19, 30, 31, 34, 38, 39
聖歌 ……………15
清教徒（ピューリタン）……………34, 35
聖餐式 ……………36, 45
聖三位一体 ……………8, 44
聖書 ……………15, 20-22, 28, 44
　ウルガタ聖書 ……………21
聖職者 ……………21, 23, 30, 33, 36, 37, 39, 42
聖人 ……………22, 28, 29, 41, 44
聖人の日 ……………41
聖体拝領 ……………36, 45
聖地 ……………18, 19, 32, 44
聖灰水曜日 ……………40
聖ペテロ聖堂 ……………14
聖母被昇天 ……………41
聖母マリア ……10, 28, 32, 33, 39, 41
聖霊 ……………8, 10, 41, 44
聖霊降臨節（日）……………41
宣教師 ……………16, 20, 30, 34, 38, 39
洗足木曜日 ……………41
洗礼 ……………10, 15, 23, 36, 44
創世記 ……………20
ソロモン諸島（太平洋）……………39

た行

ダイアー、メアリー ……………35
大天使ガブリエル ……………10
台湾 ……………43
磔刑 ……………11, 16, 32
ダニエル、預言者 ……………20
ダビデの星 ……………8
短躯王ピピン ……………17

中世 …… 14-16, 29, 32, 37	方舟 …… 29	ベルナデット …… 33	ユダヤ教徒 …… 18, 20
中東 …… 18	パコミウス …… 24	ヘレナ …… 32	ユダヤ人 …… 8
長老派 …… 43	パリ（フランス）…… 14	ヘロデ …… 10	ヨーロッパ …… 17-19, 26, 27, 30, 31, 34, 38
テキサス（米国）…… 34	バルトロメオ …… 30	ペンシルバニア …… 35	預言書 …… 20
弟子（キリストの）…… 11, 12, 36, 37, 41	パレスチナ …… 11	ペンテコステ …… 40	ヨセフ …… 10
伝道 …… 8, 12, 23	反宗教改革 …… 27, 33	ヘンリー8世、イングランド王 …… 27	ヨナ、預言者 …… 20
デンマーク …… 30, 31	万霊節 …… 41	ポーランド …… 32	ヨハネ、洗礼者 …… 10
ドイツ …… 17, 21, 33, 41	ヒエロニムス …… 21	北米 …… 34, 35	ヨハンナ、教皇 …… 33
東方正教会 …… 22, 23, 28, 43	ビザンツ帝国 …… 22, 23, 28	ホスピタル騎士団 …… 18	ヨルダン川 …… 10
ドミニコ会 …… 24	秘蹟（聖礼典）…… 32, 33, 44	ボッチチェリ …… 29	
トリポリ …… 18	ビンゲンのヒルデガルト …… 33	ボヘミア …… 30	**ら・わ行**
トルコ …… 8	ヒンズー教徒 …… 39	ボリス …… 23	ラテン語 …… 21
	フィリップ4世、フランス王 …… 17	ポルトガル …… 34, 38, 39	ラビジュリー、枢機卿 …… 38
な行	フィレンツェ（イタリア）…… 42	ポンディシェリ（インド）…… 39	リオデジャネイロ …… 40
ナイアガラの滝 …… 34	フェリペ2世、スペイン王 …… 31		リチャード2世、イングランド王 …… 29
ナイジェリア（アフリカ）…… 38	フォックス、ジョージ …… 35	**ま行**	ルーテル派 …… 31, 43
ナザレ …… 10	福音教会信者 …… 42	マクセンティウス …… 13	ルカ …… 12, 20
7つの秘蹟 …… 36	福音書 …… 20, 21, 44	マグダラのマリア …… 32	ルター、マルティン …… 21, 26
ナントの勅令 …… 30	復活（キリストの）…… 11, 12, 32, 41, 44	マザー・テレサ …… 42	ルネサンス …… 10, 29
南米 …… 34	仏教徒 …… 39	マサチューセッツ …… 34, 35	ルブリョフ、アンドレイ …… 28
ニコデモの福音書 …… 21	ブラジル …… 34	マタイ …… 20	レオ3世、教皇 …… 17
西インド諸島 …… 34	プラハ …… 31	マルコ …… 20	ローマ …… 9-17, 22, 29, 30
日本 …… 39	プラハの弁務官窓外放出事件 …… 31	マルチヌス5世 …… 17	ローマカトリック …… 21, 27, 31, 32, 36, 37, 39, 42, 43
ニュートン・アーラッシュ教会 …… 15	フランク族 …… 17	ミケランジェロ …… 29	ローマ教会 …… 16
ニューメキシコ（米国）…… 34	フランシスコ修道会 …… 24	ミサ …… 15, 29, 33, 36, 45	ローマ司教 …… 13, 14
ネロ、ローマ皇帝 …… 12	フランス …… 27, 30, 33, 38	南アフリカ …… 43	ローマ帝国 …… 12-14, 16, 22, 23
ノア …… 29	ブルゴス …… 14	ミルウィウス橋の戦い …… 13	ロシア …… 23, 28
ノートルダム大聖堂 …… 14	フランチェスコ …… 24	メイフラワー号 …… 35	ロシア正教会 …… 23
ノーベル平和賞 …… 43	プロテスタント …… 26, 27, 29-33, 35, 43, 45	メキシコ …… 34, 41	ロッテルダム …… 27
ノブゴロド …… 23	ベギン会修道女 …… 25	メディチ、カトリーヌ・ド …… 30	ロンバルド人 …… 17
ノルウェー …… 16	ベツレヘム …… 10, 21	メノー派 …… 35	
	ペテロ …… 12, 14, 17	モア卿、トーマス …… 27	ワルシャワ（ポーランド）…… 32
は行	ベネツィア …… 19, 29, 40	モーセ …… 9, 37	
パウルス3世、教皇 …… 27	ベネディクトゥス …… 24		
パウロ …… 12, 23	ベネディクト修道会 …… 24	**や行**	
ハギア・ソフィア教会 …… 22	ヘブライ語 …… 20, 21	ユグノー教徒 …… 30	
迫害 …… 13, 30, 34, 35	ベルギー …… 25	ユダヤ …… 10	
		ユダヤ教 …… 8, 23, 45	

日本語版監訳者紹介

佐藤 正英（さとう まさひで）

1936年生まれ。58年に東京大学文学部倫理学科を卒業後、同大学院人文学科研究科倫理学専攻博士課程修了。東京大学名誉教授を経て、現在、共立女子大学文芸学部教授を務める。主な著書に『日本倫理思想史』（東京大学出版会）、『親鸞入門』（筑摩書房）。監訳書に『一神教の誕生―ユダヤ教、キリスト教、イスラム教』『神はなぜ生まれたか』『世界宗教事典』などがある。

世界宗教の謎　キリスト教

2004年3月25日初版第1刷発行

著　者	ヘーゼル・メアリー・マーテル		
監　訳	佐藤正英	翻訳協力	加藤雄志
発行者	荒井秀夫	DTP制作	リリーフ・システムズ
発行所	株式会社　ゆまに書房		

東京都千代田区内神田2-7-6　〒101-0047
Tel. 03(5296)0491／Fax. 03(5296)0493
日本語版版権©2003　株式会社ゆまに書房

ISBN4-8433-1064-6　©0314

Acknowledgements

The Publishers would like to thank the following photographers and picture libraries for the photos used in this book.

t=top; tl=top left; tc=top center; tr=top right; c=center;
cl=center left; b=bottom; bl=bottom left; bc=bottom center; br=bottom right

Cover Index/Cantarelli; **9b** Press Photo, Florence; **10tl** Accademia, Florence/Scala Group; **21tc** The Bridgeman Art Library/Overseas; **33c** Scala Group; **37tl** Chuck Savage/Stock Market International; **40bc** Marco Lanza; **41tr** Museo di San Marco, Florence/Scala Group; **42bl** Press Photo, Florence; **43br** Marco Nardi/McRae Books Archives